Wilma Rudolph

por Victoria Sherrow
ilustraciones por Larry Johnson

ediciones Lerner/Minneapolis

Traducción al español: © 2007 por ediciones Lerner
Título original: *Wilma Rudolph*
Texto: copyright © 2000 por Victoria Sherrow
Ilustraciones: copyright © 2000 por Larry Johnson

La edición en español fue realizada por un equipo de traductores nativos de español de translations.com, empresa mundial dedicada a la traducción.

ediciones Lerner
Una división de Lerner Publishing Group
241 First Avenue North
Minneapolis, MN 55401 EUA

Dirección de Internet: www.lernerbooks.com

Library of Congress Cataloging-in-Publication Data

Sherrow, Victoria.
    [Wilma Rudolph. Spanish]
    Wilma Rudolph / por Victoria Sherrow ; ilustraciones de Larry Johnson.
      p. cm. — (Yo solo biografías)
    ISBN-13: 978–0–8225–6260–3 (lib. bdg. : alk. paper)
    ISBN-10: 0–8225–6260–X (lib. bdg. : alk. paper)
    1. Rudolph, Wilma, 1940– —Juvenile literature.
2. Runners (Sports)—United States—Biography—Juvenile literature. 3. Olympics—Juvenile literature. I. Johnson, Larry, 1949– ill. II. Title. III. Series.
    GV1061.15.R83S5218 2007
    892.7'16—dc22   2006011112

Fabricado en los Estados Unidos de América
1 2 3 4 5 6 – JR – 12 11 10 09 08 07

Para mi hija Caroline, con amor —V. S.

Lo que la esperanza puede lograr cuando se tienen piernas largas y un corazón dispuesto es increíble.
Gracias, Wilma Rudolph. —L. J.

Clarksville, Tennessee
Verano de 1946

Wilma Rudolph viajaba en un caluroso autobús,
mirando por la ventanilla.
Faltaban 50 largas millas (80 kilómetros)
para llegar a Nashville.

Wilma y su madre
hacían este viaje dos veces por semana
para ir al hospital.
La niña, de seis años, necesitaba
tratamiento para volver a caminar.

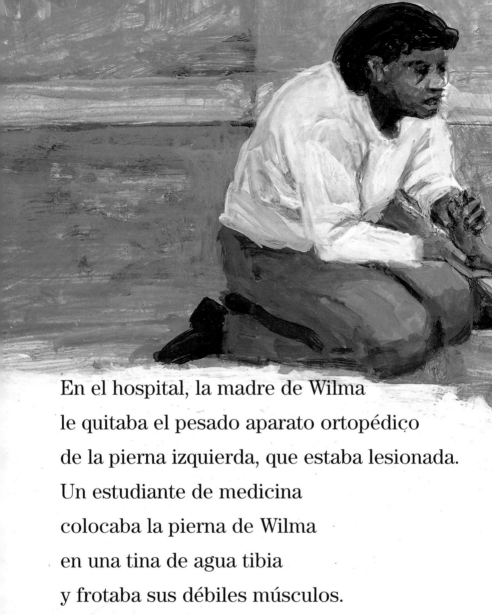

En el hospital, la madre de Wilma
le quitaba el pesado aparato ortopédico
de la pierna izquierda, que estaba lesionada.
Un estudiante de medicina
colocaba la pierna de Wilma
en una tina de agua tibia
y frotaba sus débiles músculos.
Después venían los ejercicios.
Movían su pierna de arriba a abajo,
de adelante hacia atrás y en círculos lentos.

Los ejercicios dolían.

A Wilma se le salían las lágrimas.

Pero no se daba por vencida.

Había estado ejercitando la pierna

durante dos largos años.

Años difíciles

Wilma había sufrido mucho dolor
en su corta vida.

Nació dos meses antes de tiempo.

Cuando era bebé, Wilma era tan pequeña
que los médicos temían que muriera.

Cuando cumplió cuatro años,
se enfermó gravemente
y tuvo mucha fiebre.

La fiebre pasó, pero todavía se sentía débil.

Su pierna izquierda había quedado
delgada y torcida.

El pie izquierdo estaba torcido hacia adentro.

"Polio", anunciaron los médicos a sus
padres.

La polio era una enfermedad que afectaba
a miles de niños cada año.
Algunos morían;
otros perdían la capacidad de caminar.
Parecía que Wilma tendría
un futuro difícil.

Al igual que otras familias negras,
los Rudolph tenían que enfrentarse
a los prejuicios.
Las leyes del Sur de los Estados Unidos
eran injustas con los negros.
Los negros no se podían sentar con los blancos
en autobuses, trenes o cines.
Los niños negros y blancos
iban a escuelas distintas.

Los médicos blancos atendían a los blancos,
y los médicos negros atendían a los negros.
En el pueblo de Wilma
había sólo un médico negro,
y el hospital para negros más cercano
estaba en Nashville, a más de una hora
de viaje.

Wilma provenía de una familia pobre
con 22 hijos.

Sus padres, Ed y Blanche Rudolph,
trabajaban mucho para mantener a
su gran familia.

La familia de Wilma tenía que luchar muy duro,
pero se querían mucho y
juntos se sentían fuertes.

Sin importar qué tan ocupada estuviera Blanche,
siempre llevaba a Wilma
en el largo viaje a Nashville.
Wilma observaba las granjas
y pueblos del camino
mientras soñaba con un futuro feliz.
Se imaginaba que podía caminar.
También se imaginaba que podía *correr*.

De vuelta en casa, la familia ayudaba a Wilma
a ejercitar la pierna débil.
Los Rudolph sabían que Wilma
volvería a caminar algún día.
Finalmente, los esfuerzos de Wilma
dieron frutos.
Cuando tenía siete años,
¡comenzó a caminar!
Cojeaba un poco y todavía
usaba el aparato ortopédico.
Pero al fin podía caminar lo suficientemente
bien como para ir a la escuela.

El primer día, Wilma se sintió sola.

Veía a los otros niños correr,

saltar la cuerda y jugar a la pelota.

Algunos se burlaban de su aparato ortopédico.

Wilma primero se ponía triste

y después se enojaba.

Algún día ella también podría correr.

Algún día ella haría

algo importante.

Un domingo, cuando Wilma tenía 10 años,
le dio una gran sorpresa
a la gente de su iglesia:
entró a la iglesia caminando y sonriendo.
Despacio y con cuidado,
se dirigió a su banco.

La gente la miraba y susurraba.

¡Wilma se había quitado el aparato ortopédico!

Pero su lucha aún no había terminado.

Todavía necesitaba usar el aparato
gran parte del tiempo.

Tenía que seguir ejercitándose.

Dos años después,

Wilma se quitó el aparato para siempre.

Y si podía caminar sin él,

tal vez podría correr.

Durante todos los años que pasó sentada,
la mente de Wilma había estado ocupada,
observando.

Había observado juegos de
básquetbol durante horas.
Había estudiado a los jugadores
y conocía todas las jugadas.
Estaba lista para intentar jugar.
En la preparatoria, Wilma entró
al equipo de básquetbol femenino.
Alta y de piernas largas,
¡Wilma de veras se *movía*
en la cancha!

Aunque la habían aceptado en el equipo,

Wilma no jugaba mucho al principio.

Pero siguió practicando,

a veces varias horas por día.

Sus compañeras la llamaban Skeeter,

que es una forma de decir "mosquito" en inglés.

El entrenador decía que Wilma

estaba en todos lados, que

"zumbaba por la cancha como un mosquito."

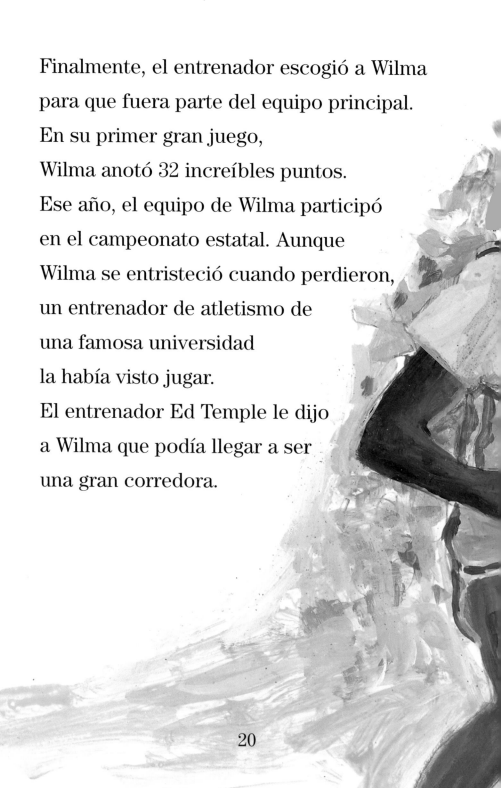

Finalmente, el entrenador escogió a Wilma
para que fuera parte del equipo principal.
En su primer gran juego,
Wilma anotó 32 increíbles puntos.
Ese año, el equipo de Wilma participó
en el campeonato estatal. Aunque
Wilma se entristeció cuando perdieron,
un entrenador de atletismo de
una famosa universidad
la había visto jugar.
El entrenador Ed Temple le dijo
a Wilma que podía llegar a ser
una gran corredora.

A Wilma le gustaba correr,
pero lo hacía sólo para divertirse.
Estaba en el equipo de atletismo
de la preparatoria, pero en su escuela
no había una pista donde practicar.
Aun así, Wilma ganaba todas las carreras
en las que participaba.

Hasta que una vez,

en un gran evento de atletismo,

perdió una carrera.

¿Qué había salido mal?

Wilma observó a las otras corredoras.

Decidió que correr rápidamente

no era suficiente:

Tendría que aprender nuevas destrezas

si quería ser la mejor.

Fue una lección que Wilma nunca olvidó.

Ser la mejor

Ed Temple no se había olvidado de Wilma.
En 1956, le pidió que pasara el verano
en la Universidad Estatal de Tennessee.
Se entrenaría con grandes corredores.
Ese verano, Wilma aprendió cómo arrancar
para tener un excelente comienzo
en una carrera.
Aprendió cómo mover
los brazos y piernas,
y a hacer ejercicios especiales
para fortalecerse y ser más rápida.

Wilma probó sus nuevas habilidades
en un gran evento
en Filadelfia, Pensilvania.
La pista era tan grande
que Wilma se sintió pequeña.
¡Pero ganó dos carreras!

Pronto la vida de esta adolescente
de 16 años se volvió muy emocionante.
Viajaba por todo el país para correr.
Conoció a muchas personas en sus viajes.
Incluso llegó a conocer
a Jackie Robinson, la estrella del béisbol.

Robinson fue el primer negro
que jugó en un equipo de béisbol
de las ligas mayores.
Robinson le dijo a Wilma
que podía ser una campeona.
Wilma después dijo que Robinson
era un "verdadero héroe."

Más tarde, ese verano,
Wilma cruzó el país
para ir a Seattle, Washington.
Allí elegirían a los integrantes de los equipos
para los Juegos Olímpicos de 1956.
Los juegos tendrían lugar
en Melbourne, Australia.
Wilma podría tener la oportunidad
de correr con los mejores atletas
del mundo.

Wilma Rudolph hizo su mayor esfuerzo
y se ganó un lugar en el equipo olímpico.
Era la más joven del equipo.
Antes de partir a los Juegos Olímpicos,
Wilma volvió a su casa en Clarksville.
Se había hecho famosa en su pueblo natal y
le habían organizado una ceremonia.
Su familia estaba orgullosa.

En los Juegos Olímpicos,
Wilma sufrió algunas desilusiones.
Sólo los corredores más rápidos ganaban un lugar
en la carrera final de 200 metros.

No corrió lo suficientemente rápido
para llegar a la final.
Se sentía triste.
No podía comer ni dormir.

Wilma tenía una oportunidad más
de ganar una medalla.
Era una de las cuatro mujeres estadounidenses
que correría la carrera de relevos de 400 metros.
Los otros equipos eran muy rápidos,
pero las estadounidenses ganaron
el tercer lugar.
Wilma había ganado
una medalla de bronce.
Quería volver a pararse
en el podio de los ganadores,
en los próximos Juegos Olímpicos.
Wilma pensó:
"Tienes cuatro años
para llegar allí,
pero tienes que
trabajar duro".

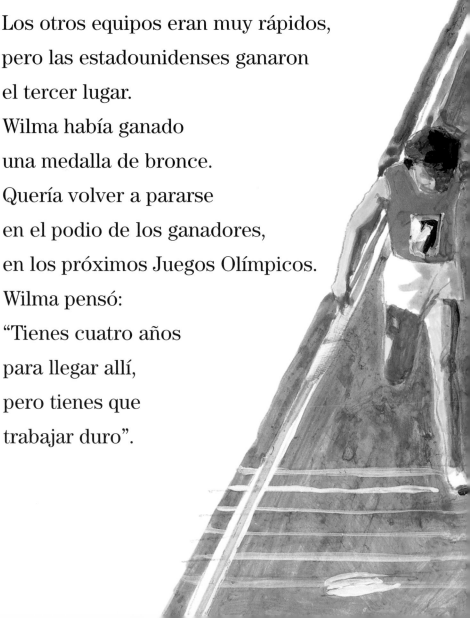

Después de los Juegos Olímpicos,
Wilma volvió a su casa en Clarksville.
La gente le sonreía en la calle.
Se detenían para estrechar su mano.
La vida de Wilma volvió a la normalidad
durante un breve lapso.

Le quedaban dos años
para terminar la preparatoria.
Cuando se graduó,
fue a la Universidad Estatal de Tennessee.
Se unió al equipo de atletismo de Ed Temple.
Estar en el equipo era un honor.
Además, significaba que Wilma
podría ir a la universidad gratis.
Wilma trabajó duro y sacó buenas notas.
También se convirtió en
la corredora más rápida del equipo.

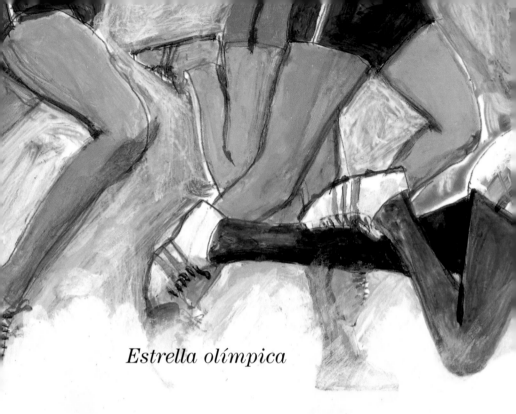

Estrella olímpica

En 1960, Wilma corría más rápido que nunca.

Volvió a formar parte del equipo olímpico.

En los Juegos Olímpicos de Roma, Italia,

la temperatura era de 100 grados Fahrenheit.

Pero el calor no le molestaba a Wilma.

Estaba concentrada en su meta:

ganar una medalla de oro.

Para prepararse para las carreras,

salía a correr en el parque olímpico.

Entonces, ocurrió una desgracia:
Wilma se tropezó en un pequeño hoyo
en el campo.
Al caer, sintió que su tobillo tronaba.
Estaba preocupada.
El médico le dijo a Wilma
que descansara unos días.
Nadie sabía si podría correr,
pero Wilma estaba decidida a participar.

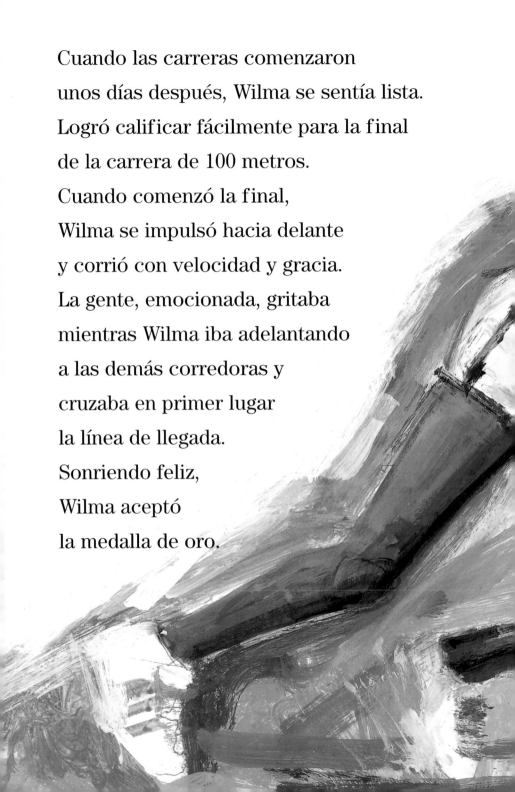

Cuando las carreras comenzaron
unos días después, Wilma se sentía lista.
Logró calificar fácilmente para la final
de la carrera de 100 metros.
Cuando comenzó la final,
Wilma se impulsó hacia delante
y corrió con velocidad y gracia.
La gente, emocionada, gritaba
mientras Wilma iba adelantando
a las demás corredoras y
cruzaba en primer lugar
la línea de llegada.
Sonriendo feliz,
Wilma aceptó
la medalla de oro.

Más tarde, la gente llenó las tribunas
para la carrera femenina de 200 metros:
todos querían ver a la corredora
que parecía volar por el aire.
Wilma no los desilusionó.
Veloz como un rayo,
llegó primera de nuevo.

El público gritaba su nombre.

Wilma Rudolph se llevó dos medallas de oro.

Para entonces, a Wilma le dolía el tobillo.
Cuando comenzó la carrera de relevos
de 400 metros, trató de ignorar el dolor.
Cada miembro del equipo corría 100 metros
llevando una vara corta llamada testigo.
Tenían que entregarla rápidamente
a la siguiente corredora.
Cuando llegó el turno de Wilma,
el equipo estaba en primer lugar.

Pero a Wilma casi se le cae el testigo.

Perdió algo de velocidad.

Tenía dos corredoras delante de ella.

Utilizó todas sus fuerzas.

Se propuso pasarlas

y empujó sus piernas hacia adelante.

Más rápido . . . más rápido . . .

Como un rayo, Wilma superó
a las otras corredoras y triunfó
por menos de un segundo.
Había ganado tres medallas de oro.
Cuando Wilma se bajó del podio,
una multitud la rodeó.
Los fotógrafos sacaban fotos
de la campeona olímpica Wilma Rudolph.
Cuando era una niña,
Wilma casi no podía caminar.
Apenas diez años después,
los reporteros deportivos la llamaban
"la mujer más rápida del mundo".
Wilma había soñado en grande
y trabajado duro.
Era una ganadora
en los deportes y en la vida.

Wilma saluda a los fotógrafos en los Juegos Olímpicos de 1960.

Epílogo

Después de los Juegos Olímpicos de 1960, Wilma Rudolph se convirtió en una heroína para todos los estadounidenses. Ella y sus padres fueron invitados a la Casa Blanca para conocer al presidente John F. Kennedy. Wilma dio discursos por todos los Estados Unidos y en otros países. Su calidez y gracia impresionaban a todos dondequiera que fuera.

Wilma dejó de correr en 1962, después de varias emocionantes victorias. Terminó la universidad en 1963 y después dio clases y trabajó como entrenadora. Se casó y tuvo cuatro hijos: dos niñas y dos niños.

A lo largo de su vida, Wilma se expresó sobre las cosas que le importaban. Trabajó para enseñar deportes a niños de barrios pobres. Esperaba que el éxito en los deportes ayudara a que los niños no abandonaran la escuela. Estaba feliz de que su propio triunfo hubiera ayudado a los atletas negros, tanto hombres como mujeres.

Wilma murió en 1994, pero su fascinante vida continúa inspirándonos. Una vez dijo: "Nunca olvidé todos los años de mi niñez en los que no podía participar. Cuando por fin pude correr, me sentí como una mariposa. Ese sentimiento me acompañó siempre."

Fechas importantes

23 de junio de 1940: Wilma Rudolph nace en St. Bethlehem, Tennessee.

1944: Se enferma de polio.

1947: Comienza a caminar con un aparato ortopédico.

1956: Es invitada a correr en la Universidad Estatal de Tennessee durante el verano. Compite en los Juegos Olímpicos de Melbourne, Australia, y gana la medalla de bronce en la carrera de relevos de 400 metros.

1958: Comienza a estudiar en la Universidad Estatal de Tennessee.

1960: Compite en los Juegos Olímpicos de Roma, Italia. Gana medallas de oro en las carreras de 100 y 200 metros y en la carrera de relevos de 400 metros.

1961: Es nombrada Atleta del Año por Associated Press.

1962: Se retira del atletismo.

1963: Termina la universidad y se casa con Robert Eldridge.

1977: Publica *Wilma*, la historia que escribió sobre su vida. Más tarde, se produjo una película para televisión basada en el libro.

1981: Crea la Fundación Wilma Rudolph para ayudar a atletas amateur.

12 de noviembre de 1994: Muere en Nashville, Tennessee.